AF460722

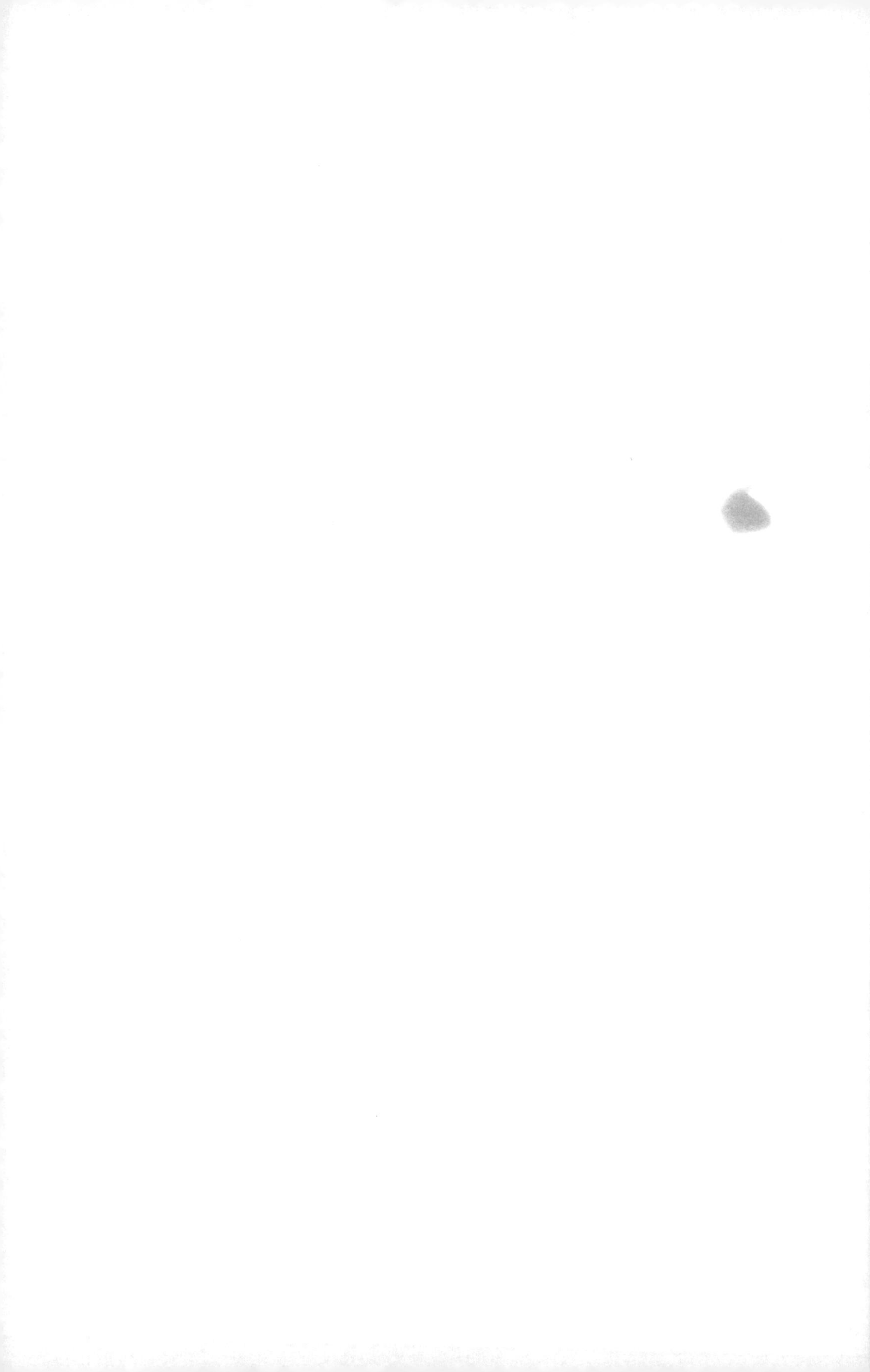

1901. Février 27

VENTE

Des Mercredi 27 et Jeudi 28 Février 1901

HOTEL DROUOT, SALLE N° 1

OBJETS D'ART

BEL AMEUBLEMENT

des Époques et Styles

XVII & XVIII siècles

BEAUX BRONZES — SCULPTURES

TABLEAUX

BELLES TAPISSERIES ANCIENNES

Etoffes, Tentures

[illegible]

Me F. LAIR DUBREUIL
[illegible]

M. A. BLOCHE
[illegible]

EXPOSITION PUBLIQUE

LE MARDI 26 FÉVRIER 1901

DE 2 HEURES À 6 HEURES

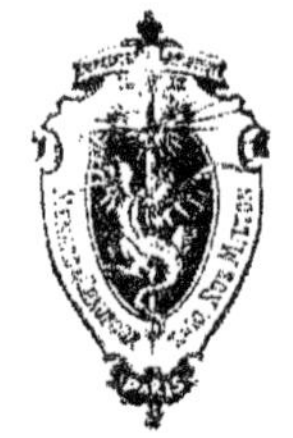
PARIS

CATALOGUE

DES

OBJETS D'ART

ET DE

BEL AMEUBLEMENT

DES ÉPOQUES & STYLES XVIIe & XVIIIe SIÈCLES

Ameublement de salon Louis XVI couvert en ancienne tapisserie d'Aubusson, Autre Ameublement en soierie brochée
Sièges Louis XV garnis en ancienne tapisserie
Belles Cheminées en bois sculpté
Commodes, Secrétaires, Bureaux, Paravents, Tables, Consoles

GRAND ET BEAU MEUBLE EN VERNIS MARTIN
STYLE LOUIS XV

BEAUX BRONZES — MARBRES — TERRES CUITES

Porcelaines — Faïences — Fers — Argenterie — Objets de vitrine

TABLEAUX, AQUARELLES, DESSINS

Belles Tapisseries anciennes

Etoffes Tentures

DONT LA VENTE AURA LIEU

HOTEL DROUOT, SALLE N° 1

Les Mercredi 27 et Jeudi 28 Février 1901, à 2 h. 1/4

Me LAIR DUBREUIL	M. A. BLOCHE
COMMISSAIRE-PRISEUR	EXPERT
Successeur de Me DUCHESNE	*près la Cour d'Appel*
6, rue de Hanovre, 6	**28, Rue de Châteaudun, 28**

Chez lesquels se trouve le présent Catalogue

EXPOSITION PUBLIQUE

LE MARDI 26 FÉVRIER 1901

DE 2 H. A 6 HEURES

CONDITIONS DE LA VENTE

La vente sera faite *expressément* au comptant.

Les acquéreurs payeront *dix pour cent* en sus des adjudications.

L'exposition mettant le public à même de se rendre compte de l'état des objets, il ne sera admis aucune réclamation une fois l'adjudication prononcée.

Imp. Ménard et Chaufour, 8-10, rue Milton Paris.

DÉSIGNATION

MEUBLES

1 — Très beau meuble à deux corps en vernis Martin fond d'or, richement orné de bronzes ciselés et dorés de style Louis XV. Il ouvre à quatre vantaux décorés dans le bas de sujets d'après BOUCHER représentant une jeune femme endormie lutinée par les amours ; Diane et Nymphe dans un paysage. Les panneaux supérieurs offrent des figures d'amours se jouant dans des guirlandes de fleurs ; des consoles et des attributs. Les côtés sont ornés d'une décoration analogue.

2 — Beau meuble de salon en bois sculpté et doré d'époque Louis XVI garni en ancienne tapisserie d'Aubusson, décor à paniers de fleurs dans des encadrements enrubannés, fleuris et feuillagés, composé

de : un canapé, deux bergères, quatre fauteuils et deux chaises. Bois signés Germain.

3 — Beau fauteuil en bois sculpté et doré d'époque Louis XV garni en ancienne tapisserie, décor à guirlandes et vases de fleurs, pêches et raisins dans des encadrements à rinceaux feuillagés.

4 — Fauteuil en bois sculpté et doré de même époque garni en ancienne tapisserie offrant dans des encadrements à ornements, un perroquet, des guirlandes de fleurs et des corbeilles de fruits.

5 — Deux fauteuils en bois sculpté et doré d'époque Louis XV, garnis en ancienne tapisserie à vases de fleurs encadrés de feuillage et d'ornements.

6 — Beau paravent à cinq feuilles décorées de sujets galants et champêtres dans le goût de Lancret. Monture en bois noir.

7 — Ameublement de salon en bois sculpté couvert en brocart de soie, composé d'un canapé, d'un fauteuil et deux chaises. Style Louis XVI.

8 — Deux fauteuils en noyer sculpté, dossier forme lyres, foncés de canne. Style Louis XVI.

9 — Belle cheminée monumentale en chêne finement sculpté; montants à figures de la Vierge et de saint Joseph, reliés par une frise à cartouche et têtes d'hommes supportant un entablement à écusson, cariatides d'amours et ornements. La partie supérieure de forme architecturale à colonnes détachées surmontées de chapiteaux; fronton à mascaron et coquille est couronnée par une statuette de chérubin. Style xvie siècle.

10 — Cheminée en bois sculpté à bustes de personnages et ornements, bandeau à cariatides et rinceaux décoré de deux plaques en émail de Limoges; surmontée d'une glace bisautée dans un cadre sculpté et orné de médaillons en émail de Limoges représentant les douze Césars.

11 — Deux glaces appliques bizeautées, cadres en bois sculpté et doré Louis XV

12 — Vitrine en acajou, bandeau du haut en marqueterie de bois à fleurs Louis XVI.

13 — Grand bureau forme à cylindre en acajou, à moulures de cuivre, pieds cannelés, dessus en marbre blanc et galerie de cuivre ajourée. Époque Louis XVI.

14 — Bahut forme crédence en bois sculpté, ouvrant à deux vantaux, colonnes feuil-

lagées et mascarons, fronton à cariatides chimériques et écusson couronné par un motif ajouré. XVIIe siècle.

15 — Secrétaire en marqueterie de bois rose et palissandre, orné de bronzes dorés, dessus en marbre brèche d'Alep. Époque Louis XV

16 — Secrétaire Louis XVI en bois rose et marqueterie de bois, décoré d'un médaillon à trophée d'instruments de musique et de vases de fleurs, ornements en bronze, dessus de marbre.

17 — Commode à quatre tiroirs en marqueterie de palissandre, ornée de bronzes dorés, dessus en marbre. Époque Louis XIV.

18 — Paravent à trois feuilles en bois doré, le haut à glaces, le bas en soie peinte à fleurs et paysages sur fond crème.

19 — Table en bois noir sculpté, pieds à consoles, moulure en cuivre, dessus de marbre portor. Style Louis XIV.

20 — Table gigogne genre vernis Martin.

21 — Vitrine en palissandre sculpté, garnie de bronzes ciselés et dorés, ornée d'un panneau en laque bleue décoré d'oiseaux

et de fleurs en nacre et ivoire. Style japonais. Travail de VIARDOT.

22 — Six chaises portugaises garnies en cuir repoussé et gravé, cloutées de cuivre. Époque XVIIe siècle.

23 — Paravent à quatre feuilles garnies en soie moirée vieux rose à bandes fleuries.

24 — Paravent à deux feuilles en bois doré, disposées pour recevoir des photographies. Travail viennois.

25 — Petite commode à deux tiroirs en marqueterie de palissandre et bois rose, ornements en bronze. Epoque Louis XV, dessus en marbre.

26 — Bureau en thuya et bois noir, posant sur huit pieds reliés par une entre-jambe. Epoque Louis XIII.

27 — Deux encoignures en palissandre, époque Louis XV, à dessus de marbre.

28 — Petit meuble forme demi-lune en bois de rose et palissandre, dessus en marbre Louis XVI.

29 — Horloge en bois sculpté. Epoque Louis XVI.

30 — Petit bureau de dame en acajou, à

moulures de cuivre, dessus à cylindre mobile. Style Louis XVI.

31 — Commode à deux tiroirs en palissandre et bois rose, ornée de bronzes. Style Louis XV. Dessus en marbre rouge.

32 — Fauteuil-chaise percée en bois sculpté peint blanc, garni de canne. Epoque Louis XV.

33 — Vitrine en bois sculpté peint et doré. Travail italien. XVIIIe siècle.

34 — Écran en bois doré, feuille en étoffe veloutée fond crème décorée au centre d'un bouquet de fleurs.

35 — Petite psyché en acajou.

36 — Bahut en bois sculpté ouvrant à un vantail, montants à cariatides, panneaux à figures de femmes. XVIe siècle.

37 — Grand panneau en bois sculpté peint et doré, représentant la Vierge aux pieds de la Croix soutenant le corps du Christ. XVIIe siècle.

38 — Petit paravent à cinq feuilles garnies en soie, fond rose brochée à bouquets de fleurs et bandes.

39 — Grand buffet à deux corps en noyer sculpté, le haut vitré, coins arrondis.

40 — Deux fauteuils Louis XV en bois sculpté peint blanc, parties dorées garnis en soie crème brodée à fleurs.

41 — Lit garni en étoffe.

42 — Piano droit en palissandre.

43 — Grande et belle bibliothèque en noyer scupté à filets noirs.

44 — Guéridon rond Louis XVI, sur quatre pieds reliés par des guirlandes de fleurs en bois sculpté peint blanc, dessus en marbre blanc.

45 — Paravent à quatre feuilles garnies en en étoffe rayée fond gris, brochée à fleurs.

46 — Petite banquette en peluche violette dessus en satin crème brodé à fleurs et rinceaux.

47 — Fauteuil en acajou garni en soie rouge brochée jaune.

48 — Horloge en bois sculpté.

49 — Paravent à trois feuilles garnies en étoffe imitant la tapisserie à sujets flamands.

50 — Coffret en velours vert orné d'applications en fer découpé.

51 — Coffret Louis XV en bois rose.

52 — Bidet en bois sculpté et peint Louis XV, cuvette en Vieux Rouen à la corne.

53 — Flambeau d'Autel en bois sculpté à coquilles et cariatides d'enfants Louis XIV.

54 — Deux fauteuils en bois sculpté, couverts en tapisserie d'Aubusson. Époque Louis XVI.

55 — Grand meuble en vieux chêne sculpté, style anglais.

56 — Petite commode à deux tiroirs en bois rose et palissandre, orné de bronzes ciselés et dorés. Époque Louis XV.

57 — Console en acajou à cannelures, dessus avec marbre bleu et galerie de cuivre. Époque Louis XVI.

58 — Buffet normand à deux corps en bois sculpté, XVIIIe siècle.

59 — Armoire normande en bois sculpté, XVIIIe siècle.

60 — Secrétaire du Ier Empire avec colon-

nettes surmontées de chapiteaux en bronze.

61 — Commode en chêne sculpté. Époque Louis XV.

62 — Banquette en noyer sculpté, couverte en velours de Scutari. Style Louis XVI.

62 bis — Canapé en bois doré Louis XVI, couvert en soierie brochée.

SCULPTURES

63 — Joli groupe en marbre : Faune et Bacchante, de J. CLESINGER.

64 — Beau groupe en marbre blanc : Le Passage du Gué, de Madrassi.

65 — Buste de Faunesse en marbre blanc.

66 — Joli groupe en terre cuite : Diane victorieuse, de Carrier Belleuse.

67 — Statuette en marbre : Le Printemps, signé OLIVIER.

68 — Buste en marbre blanc : Diane d'après HOUDON.

69 — Statuette de Veilleur de Nuit en terre cuite.

70 — Statuette en terre cuite : L'Innocence. par PFEIFFER.

71 — Médaillon rond en terre cuite : L'éducation du bouc, par A. PATEY.

72 — Groupe des Trois Grâces en biscuit.

73 — Colonne en marbre rouge, garnie en bronze doré.

74 — Deux statuettes de Vierge et Enfant en terre cuite polychrôme XVIIe siècle.

75 — Buste de jeune garçon en terre cuite, par CASINI.

76 — Soldat du Ier Empire en biscuit.

77 — Buste de Mozart en terre cuite, par CARRIER BELLEUSE.

78 — Colonne sculptée en marbre vert de de mer.

BRONZES, PORCELAINES
FAIENCES
ARGENTERIE, OBJETS DE VITRINE

79 — Grande pendule avec socle, applique en marqueterie de cuivre et d'écaille verte ornée de bronzes dorés. Époque Louis XV.

79 bis — Jolie pendule Louis XVI en bronze ciselé et doré à figure d'enfant allégorique appuyé sur le cadran ; à droite une colonne au pied de laquelle une palette et les attributs de la peinture.

80 — Petite pendule Louis XVI en biscuit, sujet allégorique à l'amour ornée de bas-reliefs en bronze ciselé et doré.

81 — Belle jardinière forme vase en marbre jaune veiné, enguirlandée de feuillage et soutenue par trois statuettes d'amours en bronze posant sur un socle en marbre à écussons de bronzes.

82 — Grande statuette en bronze, Vendangeur jouant de la mandoline.

83 — Deux petits bustes de jeunes bacchantes en bronze, d'après Marin.

84 — Quatre plats en étain.

85 — Paire de flambeaux à deux lumières, à figures de petites filles en bronze doré, socles en porphyre oriental.

86 — Paire de beaux chenets en bronze doré, modèle à lyres et têtes de bêliers style Louis XVI, avec porte-pelle et fers de foyer.

87 — Paire de vases en ancien émail cloisonné de Chine, cols à lambrequins, monturse en bronze frotté de style chinois.

88 — Jardinière en bronze du Japon, décor de dragons et d'oiseaux en relief.

89 — Paire d'appliques en bronze doré à cinq lumières. Style Louis XVI.

90 — Joli lustre disposé pour l'électricité,

en bronze doré formé par une corne d'abondance renversée d'où s'échappent six lumières supportant deux statuettes de femme ailée et d'enfant.

91 — Petit lustre en bronze doré à trois lumières électriques.

92 — Paire d'appliques à huit lumières, en bronze poli de style Louis XV.

93 — Paire de chenets avec portoir, pelle et pincette en fer forgé.

94 — Paire de candélabres à figures d'enfant et de petit faune tenant des bouquets à quatre lumières, socles cannelés en marbre blanc. Style Louis XVI.

95 — Paire de flambeaux Louis XIII, en cuivre argenté.

96 — Pendule en bronze doré ornée de plaques en porcelaine, surmontée d'un groupe d'enfants. Style Louis XVI.

97 — Paire de landiers avec barre de traverse en fer forgé.

98 — Garniture de cheminée composée d'une pendule et deux candélabres en bronze et bronze doré.

99 — Lustre en bronze.

100 — Paire de flambeaux d'autel en cuivre argenté Louis XIV.

101 — Paire de grands vases en émail cloisonné du Japon, décor à semis de fleurs sur fond bleu.

102 — Pendule en biscuit représentant une nymphe et un amour, socle en bronze doré Louis XVI.

103 — Buste ancien en terre cuite représentant Diderot.

104 — Groupe en bronze. Les petites pêcheuses, d'Hippolyte Moreau.

105 — Deux beaux vases en granit oriental, montures en bronze ciselé et doré à guirlandes fleuries suspendues par des nœuds de rubans, culots feuillagés, anses forme serpents. Style Louis XVI.

106 — Paire de grandes potiches en porcelaine du Japon, décor en bleu, rouge et or, couvercles surmontés de chimères.

107 — Paire de beaux candélabres en bronze à figures de faune et de bacchant portant des bouquets à trois lumières soutenus par des thyrses de laurier, sur socles en marbre.

108 — Pendule Louis XVI en bronze à figure de nymphe sur socle en marbre.

109 — Groupe de bacchante en bronze, d'après Clodion, socle doré.

110 — Deux statuettes en bronze : Amours à l'arc.

111 — Paire de bras d'applique en bronze ciselé et doré. Style Louis XV.

112 — Groupe en bronze représentant un amour assis sur des nuages, socle en marbre. Style Louis XVI.

113 — Statuette équestre en bronze : Henri IV.

114 — Paire de chenets en bronze formés par des grands sphinx couchés.

115 — Garniture de cheminée en bronze, composée d'une pendule et de deux vases forme Médicis. Ier Empire.

116 — Paire d'appliques Louis XIV en bronze doré à trois lumières, dessin à mascarons.

117 — Grand Christ ancien en ivoire avec cadre en bois sculpté.

118 — Bénitier ancien en bois sculpté et doré.

119 — Jardinière en porcelaine de Chine, décor aux guerriers.

120 — Paire de grands vases en porcelaine d'Allemagne fond gros bleu, médaillons à sujets galants et champêtres, socles rocaille en bronze doré.

121 — Jardinière carrée en faïence japonaise, décor à personnages.

122 — Deux plats en ancienne faïence de Delft, décor polychrome.

123 — Saucière en vieux Saxe, décor à fleurs.

124 — Plat ovale en vieux Saxe, décor à fleurs, anses à coquilles.

125 — Plat oblong en vieux Saxe, décoré au centre d'un bouquet de fleurs bordure à vannerie.

126 — Qutare assiettes en vieux Chine à décors variés.

127 — Cache-pot en porcelaine de Chine, décor bleu sur fond blanc craquelé, socle en bronze.

128 — Vase en céramique à figures de poissons en relief.

129 — Paire de vases en porcelaine, décorée de sujets champêtres et draperies.

130 — Jardinière en porcelaine fond vert, monture en bronze dans le goût chinois.

131 — Verre d'eau en verre émaillé.

132 — Paire de lampes en faïence japonaise, monture en bronze frotté.

133 — Garniture de quatre pièces en ancienne faïence de Delft, décor polychrome.

134 — Vase en ancienne faïence italienne fond gros bleu, décor à fleurs et feuillage.

135 — Deux cornets en faïence italienne, médaillons à bustes de personnages.

136 — Deux potiches en faïence de Delft à décor bleu.

137 — Dix-sept assiettes en faïence décorée

138 — Huit assiettes à décors variés en porcelaine de Chine et du Japon.

139 — Coupe en vieux Japon décor bleu sur blanc.

140 — Vase en faïence de Delft décor chinois et à lambrequins.

141 — Huit pièces vases, plats, saladier, et pot en porcelaine et faïence décorées.

142 — Paire de vases en porcelaine de Chine décors à fleurs et scènes familières.

143 — Quatre plats divers à décor de Rouen à la corne.

144 — Coupe sur piédouche et saladier même décor.

145 — Plat ovale et vase même décor.

146 — Vase à deux anses en faïence décor de Rouen.

147 — Trois plats ronds en faïence décorée.

148 — Vase en terre décor étrusque.

149 — Neuf pièces diverses : jardinières, plat, cache-pot, couvercles en faïence décorée.

150 — Jardinière ovale en faïence de Rouen, décor bleu sur fond blanc.

151 — Deux plats ronds en faïence, décor : l'arbre d'amour et légendes.

152 — Deux plaques ovales en terre émaillée représentant l'une la Madeleine, l'autre jeune mère et son enfant.

153 — Cinq plaques en terre émaillée décorées de sujets divers et de légendes.

154 — Tasse avec couvercle en porcelaine de Sèvres fond bleu ornés de médaillons avec portraits d'Héloïse et d'Abelard.

155 — Christ en ivoire sur croix appliquée sur fond de velours noir. Cadre en bois sculpté et doré Louis XIV.

156 — Plateau rond sur piédouche en argent repoussé et gravé décor à ornements de feuillage XVIIe siècle.

157 — Petit cartel en argent ciselé et émaillé à sujets mythologiques formé par une statuette supportant le cadran.

158 — Éventail monture en nacre et ivoire rehaussée d'or Louis XV, feuille gouachée représentant un concert champêtre.

159 — Éventail en ivoire finement découpé à jour, ornements en acier.

160 — Éventail monture en nacre, feuille à sujet champêtre.

161 — Éventail monture en os feuille représentant une réunion de personnages Louis XIV dans un parc.

162 — Éventail en ivoire, feuille en dentelle de Bruges.

163 — Joli poignard oriental, poignée en agate et argent, fourreau en argent repoussé.

164 — Boîte ouvrant en forme de melon en ivoire sculpté renfermant un groupe de deux Chinois. Travail japonais.

165 — Netzuké en ivoire sculpté, squelette jouant de l'éventail.

166 — Netzuké en ivoire sculpté : un maître et ses deux élèves.

167 — Netzuké en ivoire sculpté. Rat sur un chapeau.

168 — Boîte plate en ivoire à décor laqué d'or.

169 — Serpent en ivoire sculpté.

170 — Bouton cassolette en laque, décor à paysage.

171 — Deux netzukés en porcelaine : Marchand de poissons et tête de mort.

172 — Bonbonnière ronde en ivoire sculpté à décor de fruits.

173 — Deux bonbonnières, l'une en émail peint, l'autre en vernis et émail.

174 — Vase en bois orné d'incrustations, travail oriental.

175 — Vase en verre émaillé, décor à branches de fleurs et d'oiseaux.

176 — Jardinière en métal argenté de style Louis XV.

177 — Vase en cristal gravé et bronze cloisonné supporté par trois figures d'amours sur socle en onyx.

178 — Service de table en porcelaine de Limoges, dessin à bouquets de fleurs.

179 — Service de verrerie en cristal de Baccarat.

180 — Paire de vases en porcelaine de Chine, décor à personnages.

181 — Fontaine ancienne avec son bassin en cuivre repoussé posant sur un socle en bois sculpté.

182 — Colonne en marbre vert.

183 — Paire de vases en bronze sur socles en marbre. Ier Empire.

184 — Lanterne arabe disposée pour l'électricité.

185 — Lanterne ronde de vestibule.

186 — Boîte contenant deux pistolets de combat et accessoires.

187 — Quatre cordons de sonnette et un motif à amour. Ier Empire.

188 — Deux ornements d'applique en bronze doré : Char et faune. Ier Empire.

189 — Service à poisson en métal argenté.

190 — Six couteaux manches en argent.

TABLEAUX, DESSINS

AQUARELLES

BASSAN (Ecole du)

191 — *La Nativité.*

BLUM (Maurice)

192 — *L'Examen du cheval.*

BONVIN (F.)

193 — *Légumes et ustensiles de cuisine.*

BOURGES, (Léonide)

194 — *Nature morte.*

BRACQUEMOND

195 — *La promenade dans le parc.* Aquarelle.

BRAUWER (Attribúé à Adriaan)

196 — *Les Falsificateurs de lait.*

BREKELENKAMP (Attribué à)

197 — *Les Tailleurs.*

CALAME (Attribué à)

198 — *Paysage.* Vue de Suisse avec figures.

CANTEU

199 — *Au bord de la mer.*

CANTEU

200 — *Grands Pavots.*

CHARDIGNY

201 — *Couple de chiens.*

CHINTREUIL (Attribué à)

202 — *Paysage avec figure de bucheronne au repos.*

COCK (César de)

203 — *Chaumières à la lisière d'un bois.*

COURBET (École de)

204 — *Tête de Biche.*

COUTURIER (Léon)

205 — *Officier se reposant à l'étape.*

DEMARNE (École de)

206 — L'*Abreuvoir.*

ÉCOLE ANCIENNE

207 — *Pape assis entouré des dignitaires de l'Eglise.*

ÉCOLE FRANÇAISE

208 — *Intérieur rustique porte un monogramme. Z. N.*

ÉCOLE FRANÇAISE

209 — *Baigneuse lutinée par les amours.*

ÉCOLE FRANÇAISE

210 — *Portrait d'homme vêtu d'un habit rouge.*

ECOLE ITALIENNE

211 — *Vieillard secouru par des anges.*

ECOLE ITALIENNE

212 — *Descente de croix.*

Cadre ancien sculpté.

ECOLE MODERNE

213 — *Portrait de Van Dyck.*

FRANÇAIS

214 — *Portrait de jeune femme.*

Dessin.

GODCHAU

215 — *Vue du Vieux Nice.*

LÉANDRE

216 — *Jeu de massacre.*

Dessin.

MESPLÈS

217 — *Danseuse.*

Pastel.

MESPLÈS

218 — *Groupe de danseuses.*

Pastel.

MOYNIER

219 — *Vue d'un village dans une vallée.*

NATTIER (D'après)

220 — *Portrait de jeune fille tenant une guirlande de fleurs.*

PILLE (H.)

221 — *Le Départ pour la promenade.*

Dessin rehaussé d'aquarelle.

PILLE (H.)

222 — *La Grand Rue.* Vue de ville.

Dessin

PROTAIS

223 — *La dernière pensée.*

Dessin.

ROQUEPLAN (Attribué à)

224 — *Baigneuse couchée.*

RUBENS (d'après)

225 — *Les Trois grâces.*

STEVENS (Joseph)

225 bis — *Le Cheval du Saltimbanque.*

WALTNER

226 — *L'Angelus.*

Gravure d'après MILLET.

WILLETTE (A.)

227 — *Le plus gros membre pour la Ligue de la morale. « C'est plus beau qu'une image, pas ? Mes petites. »*

Dessin à la plume.

ECOLE FRANÇAISE

228 — *Les Arts et les Sciences.*

Quatre dessus de portes.

ECOLE FRANÇAISE

229 — *Portrait de femme tenant une branche fleurie.*

Toile ovale.

ECOLE FRANÇAISE

230 — *Portrait du marquis d'Angerville.*

Pastel.

ECOLE FRANÇAISE

231 — *Portrait de l'acteur Collin.*

Pastel.

232 — Trois gravures : *Portraits de Napoléon Ier.*

TAPISSERIES

233 — Belle tapisserie ancienne, représen-sentant un combat de béliers dans un paysage.

Au milieu, deux béliers s'entrechoquent pendant que des amours préparent les futurs champions ; à gauche un paysage montagneux et boisé, à droite un monument avec figures de faunes. Belle bordure fond bleu à entrelacs, fleurs et grappes de raisins, aux angles des cariatides de femmes et dans le bas un médaillon central à figure de Diane chasseresse.

Larg. : 4m00. Haut. : 3m30 environ.

234 — Belle tapisserie analogue à la précédente représentant une nymphe surprise par des faunes et défendue par des amours ; à gauche, un monument ; à droite, un groupe formé par un bacchus monté sur un âne et soutenu par un faune, traverse le paysage, précédé d'une jeune fille jouant du tambourin. Bordure semblable à la précédente avec médaillon à figure de Neptune.

Larg. : 4m. Haut. : 3m30 environ.

235 — Très belle garniture de lit en tapisse-

rie au point et au petit point XVIIe siècle, composée de :

Un dessus de lit offrant au milieu de rinceaux et d'ornements un médaillon représentant le bain de Diane, et aux angles des réserves à figures de chasseurs ; deux côtés à bords dentelés sont décorés de personnages allégoriques ; garniture en vieux damas jaune et large galon en ancien velours rouge ciselé ; et deux bandeaux formant tour de lit offrant dans des médaillons des figures de Dieux et de Déesses.

236 — Tapisserie ancienne d'Aubusson à décor d'oiseaux dans un paysage, fond à pagodes, bordure feuillagée formant encadrement.

237 — Tapisserie ancienne dite verdure animée de volatiles avec vues de châteaux.

238 — Tapisserie verdure, paysage et cygnes sur une pièce d'eau, bordure à fleurs.

239 — Tapisserie ancienne à personnages, vase de fleurs et pièces d'orfèvrerie.

240 — Morceau en ancienne tapisserie d'Aubusson à fleurs.

241 — Quatre bandes en ancienne tapisserie.

242 — Morceau de bordure en ancienne tapisserie à fleurs et écussons.

243 — Grand panneau en tapisserie d'Aubusson. Vues de parc avec jets d'eau ; sur les côtés, des vases de fleurs et des fruits.

244 — Grand panneau en même tapisserie représentant un paysage avec chaumière et cours d'eau, au bord duquel, des gerbes de blé et des fleurs.

245 — Petit panneau en même tapisserie, vase et ananas, guirlandes de fleurs et de fruits.

246 — Petit panneau en même tapisserie : Buisson de fleurs au bord d'une d'une rivière.

247 — Tenture en ancien cuir de Cordoue.

248 — Huit garnitures de sièges formant housses en soie moirée fond bleu et applications de galons en satin de différentes nuances.

249 — Carré en lampas fond crême broché à bouquets de fleurs.

250 — Six rideaux en damas de soie rouge.

251-252 — Deux tapis longs d'Orient.

253 — Morceau de tapisserie fond brun à fleurs.

254 — Portière de Karamanie.

255 — Deux coupes d'étoffes lamées, travail japonais.

256 — Paire de rideaux en peluche maïs, bordure en tapisserie ancienne.

257-258 — Deux portières en ancienne broderie de soie, décor à médaillons, fleurs et volatiles. Travail portugais.

259 — Chasuble en ancien velours de Gênes.

260 — Objets omis.

www.ingramcontent.com/pod-product-compliance
Ingram Content Group UK Ltd.
Pitfield, Milton Keynes, MK11 3LW, UK
UKHW020513180726
13839UKWH00005B/2054